BEI GRIN MACHT SICH IH WISSEN BEZAHLT

- Wir veröffentlichen Ihre Hausarbeit, Bachelor- und Masterarbeit

- Ihr eigenes eBook und Buch - weltweit in allen wichtigen Shops

- Verdienen Sie an jedem Verkauf

Jetzt bei www.GRIN.com hochladen und kostenlos publizieren

Helmut Angerer

SLAM. Navigationskonzepte für autonome Fahrzeuge

GRIN Verlag

Bibliografische Information der Deutschen Nationalbibliothek:

Die Deutsche Bibliothek verzeichnet diese Publikation in der Deutschen National-
bibliografie; detaillierte bibliografische Daten sind im Internet über http://dnb.d-
nb.de/ abrufbar.

Impressum:

Copyright © 2009 GRIN Verlag GmbH
Druck und Bindung: Books on Demand GmbH, Norderstedt Germany
ISBN: 978-3-640-30741-8

Dieses Buch bei GRIN:

http://www.grin.com/de/e-book/125681/slam-navigationskonzepte-fuer-autonome-
fahrzeuge

GRIN - Your knowledge has value

Der GRIN Verlag publiziert seit 1998 wissenschaftliche Arbeiten von Studenten, Hochschullehrern und anderen Akademikern als eBook und gedrucktes Buch. Die Verlagswebsite www.grin.com ist die ideale Plattform zur Veröffentlichung von Hausarbeiten, Abschlussarbeiten, wissenschaftlichen Aufsätzen, Dissertationen und Fachbüchern.

Besuchen Sie uns im Internet:

http://www.grin.com/

http://www.facebook.com/grincom

http://www.twitter.com/grin_com

SLAM –
Navigationskonzepte für autonome Fahrzeuge

Bachelorarbeit

Fachhochschule Kärnten
Studiengang Elektronik

Helmut Angerer

Villach, 2009

LaTeX 2_ε

Kurzfassung / Summary

SLAM – Navigationskonzepte für autonome Fahrzeuge

Die Arbeit widmet sich mit dem „Synchronous Localization and Mapping"(kurz SLAM) einer grundlegenden Problematik der autonomen Roboter – Navigation. Neben der Problematik selbst werden einige Konzepte zur Lösung des Problems vorgestellt. Das grundlegende Standardkonzept des EKF - SLAMs wird detaillierter behandelt. Diese genauere Analyse zielt auf eine Implementierung auf dem „Artificial Intelligence Concept Car" (kurz AICC) Projektprototypen der im Projektjahr aus einer vollständigen Uberarbeitung des TTcars entstanden ist. Die Implementierung dieses Navigations - Konzepts wird in dieser Arbeit ebenso dokumentiert, wie auch die Erkenntnisse und etwaige Weiterführungs- und Verbesserungsvorschläge für weiterführende Projekte.

Suchbegriffe: Robotik, Navigation, SLAM, Kalman Filter, Extendet Kalman Filter, RANSAC, AICC

SLAM – Navigation - Concepts For Autonomous Vehicles

Synchronous Localization and Mapping (SLAM) is a central problem in autonomous navigation. There is a wide range of methods to deal with this problem. After reviewing various possible solutions, this thesis discusses the choice of the method EKF – SLAM for the development of the Artificial Intelligence Concept Car (AICC) which was built in the Bachelor's project. The discussion includes the implementation of this navigation concept and the evaluation of the results. Some suggestions for improvements and future projects are outlined.

Key words: Robotic, Navigation, SLAM, Kalman Filter, Extendet Kalman Filter, RANSAC, AICC

Inhaltsverzeichnis

1 Einleitung

Ferngesteuerte Fahrzeuge und Maschinen sind heutzutage keine Seltenheit mehr, ebenso wenig exotisch sind Maschinen, die einem genau vordefiniertem Programm folgen und damit auch Fahrzeuge die einem gewissen genau abgesteckten Pfad folgen. Ferngesteuerte Systeme benötigen eine zuverlässige Verbindung und die Aufmerksamkeit eines Benutzers, und Skript - gesteuerte Fahrzeuge sind sehr unflexibel gegen Veränderungen. In beiden Fällen wird das Problem: „Wie komme ich von Punkt A nach Punkt B" nicht vom System selbst gelöst, sondern im Vorhinein durch den, der den Lösungsweg beschrieben hat (Skript) oder durch denjenigen der die Fernsteuerung bedient. Ein geskriptetes Verhalten scheidet also dann aus, wenn das Umfeld in dem sich das Fahrzeug nicht genau bekannt bzw. ständigen Änderungen unterworfen ist und eine Fernsteuerung dann, wenn eine Remote - Verbindung zu teuer bzw. schwierig zu realisieren (z.b. in Bergwerken, unter Wasser) oder zu langsam(z.b. auf dem Mars) ist oder wenn es nicht zweckmäßig ist, jede Aktion von einem Benutzer abhängig zu machen(z.B. Staubsauger - Roboter).

Die nötige Flexibilität erhält man erst dann, wenn das System in der Lage ist, das Problem: „Wie komme ich von Punkt A nach Punkt B" selbst zu lösen. Dieses Problem enthält zwei verschiedene Problemstellungen. Ein Problem ist das finden möglicher Pfade*(engl. pathfinding)*, die Routenplanung, die mit diversen Wegfindungsalgorithmen (z.b. A* und D* Algorithmus) behandelt werden kann.

Die zweite Problemstellung ergibt sich aus den Voraussetzungen dieser Algorithmen, da sie ein konsistentes Bild der Umgebung benötigen, die eigene Position darin und die Position des Zielorts. Erschwerend kommt hinzu, dass das sonst omnipräsente GPS (Global Position System) nur bei freier Sichtverbindung zu genügend Satelliten verwendbar ist. Das ist z.B. in Gebäuden nicht der Fall und bedeutet, dass die Positionierung oft auch ohne dieses System auskommen muss.

Ein autonomes mobiles Robotersystem muss also, um navigieren zu können, über eine Karte seines Umfelds verfügen und seine Position darauf bestimmen können. Sollte keine Karte (oder eine veraltete, fehlerhafte Karte) vorhanden sein, muss ein wirklich autonomes System in der Lage sein, Kartenmaterial selbst zu erstellen und zu aktualisieren. Um jedoch mit den Informationen aus der Sensorauswertung brauchbare Karten zeichnen zu können muss das System wissen an welche Stelle der Karte zum Beispiel das neu erfasste Hindernis einzutragen ist. Somit muss dass System auch während des Erstellens und Wartens der Karte immer seine aktuelle Position kennen. Diese Problemstellung wird in Fachkreisen meist mit SLAM *(Simultaneous Localization And Mapping)* bezeichnet.

1.1 Problemstellung

Das Projektfahrzeug „Artificial Intelligence Concept Car" (kurz AICC) soll, um seinem Namen einigermaßen gerecht zu werden, in der Lage sein sich selbstständig in Gebäuden zurecht zu finden, Wege zu gegebenen Zielen finden und ein Abbild seiner Umgebung zu erzeugen. Da für diesen Roboter gilt, dass kein GPS zur Verfügung steht, ist eine Lösung des SLAM - Problems ein sehr wichtiger Schritt zur Umsetzung der vorgegebenen Ziele.

Abbildung 1.1: Artificial Intelligence Concept Car

2 Überblick über SLAM

Zuerst nochmal der Hinweis, dass SLAM keinesfalls einen speziellen Algorithmus betitelt, sondern die Problemstellung an sich. Weiters haben Probleme meist an sich, dass es mehr als eine mögliche Lösung gibt. Es gibt eine Vielzahl von Konzepten mit unterschiedlichsten Implementierungen, die sich durch die eingesetzte Sensorik und das jeweilige Umfeld unterscheiden, in dem der Roboter navigieren soll. Um sich nicht in Sensorik - Konzepten zu verlieren werden nur einige Beispiele für verschiedene Möglichkeiten, bezüglich der Zusammenführung und Verarbeitung der Sensorinformation genannt.

2.1 Gemeinsame Begriffe

Die verschiedene Navigationskonzepte bauen oft auf den selben Grundbegriffen auf, deshalb ist es zielführend diese Begriffe zu Beginn zu erläutern. Dieselben Begriffe werden auch in der Literatur [Mon] [Blas] beschrieben. Auf die folgenden Begriffe wird auch bei der Beschreibung der Konzepte zurückgegriffen.

2.1.1 Inertialnavigation (Dead Reckoning)

Der Begriff der Inertialnavigation(engl. dead reckoning), oder auch Koppelnavigation, beschreibt die Positionsbestimmung relativ zu einer zuvor bestimmten Position(engl. fix) anhand des Kurses, der gefahrenen Geschwindigkeit und der Fahrzeit. Dieses Verfahren wurde vor der Einführung des GPS in der Schifffahrt und in Flugzeugen eingesetzt, wobei der Kurs anhand eines Kompasses bestimmt wurde und für die Geschwindigkeitsermittlung anhand eines Fahrtmessers mussten auch Wind und Strömung berücksichtigt werden. Heute wird es in der Raumfahrt eingesetzt, dort jedoch werden Beschleunigungssensoren ausgewertet. Weitere Anwendungen finden sich Flugzeugen, die auf diese Weise kurzzeitig die Position zwischen GPS - Stützstellen bestimmen und bei fortschrittlicheren Navigations - Systemen die so einen kurzzeitigen Ausfall oder Genauigkeitsverlust durch Tunnel oder Gebäude überbrücken. Diese Positionsbestimmung anhand der Bewegung von einem vorher bestimmten Punkt ist ein wichtiger Bestandteil in vielen SLAM -Konzepten. In der Robotik werden fallweise elektronische Kompasse, Drehraten - Sensoren oder auch eine Kombination

aus beidem eingesetzt um die Bewegungsrichtung zu bestimmen. Wegstrecke oder Geschwindigkeit werden meist aus den Inkrementalgebern der An-
triebsmotoren ermittelt. Auf diese Weise lässt sich mit ausreichend genauer
Sensorik bereits für gewisse Anwendungen eine genügend genaue Navigation realisieren.

Die gesamte Methodik beinhaltet jedoch einen großen Nachteil, da sich
die Fehler der einzelnen Messungen aufsummieren. Ein Fehler der Inkre-
mentalgeber - Auswertung von beispielsweise 1% der gefahrenen Wegstrecke kann bereits zur folge haben, dass ein Roboter, der sich 10m von einer
Wand weg bewegt und dann wieder zurück, 20cm hinter der Wand stehen bleiben würde. Kompasse sind naturgemäß anfällig gegen magnetische
Störeinflüsse, während Drehraten - Sensoren sogar eine zeitabhängige Abweichung haben. So würde ein Roboter sogar am Stand mit der Zeit jegli-
che Kenntniss über die Ausrichtung verlieren. Um also noch einmal auf die
Schiffsnavigation zurückzukommen, dort stellte man dafür an gefährlichen
Küsten Leuchttürme auf. Die Leuchttürme dienten als Anhaltspunkt um
präzise zwischen gefährlichen Riffen hindurch schiffen zu können. Das Prin-
zip des Leuchtturms führt geradewegs zum nächsten wichtigen Begriff in
der Roboter - Navigation.

2.1.2 Landmarken

Ein Leuchtturm ist tatsächlich ein gutes Beispiel für eine Landmarke, denn
unter Landmarken versteht man Orientierungspunkte in der Umgebung die
verwendet werden, um eine genauere Positionsbestimmung zu realisieren.
Anhand der Idee des Leuchtturms können die Voraussetzungen erläutert
werden, die eine Landmarke erfüllen muss, um für SLAM einsetzbar zu
sein. Man stelle sich vor, dass ein Schiff sich einem gefährlichen Riff nähert
und dieses durch Orientierung am Leuchtturm umschiffen will, doch der
Leuchtturm befindet sich plötzlich an einer anderen Stelle. Der Navigator
geht davon aus, dass dieser Leuchtturm an der richtigen Stelle steht und
kann sich auch nicht vom Gegenteil überzeugen, weil er außer dem Licht in
der Ferne nichts sieht(siehe Abbildung (2.1)). So wird diese Fahrt wohl ein
schreckliches Ende haben, weil das Schiff möglicherweise zielsicher auf das
Riff zusteuert. Ebenso könnte es ausgehen, wenn das Licht des Leuchtturms
erlöschen ist und der Navigator keinen Anhaltspunkt hat.

Der Versuch zwei Leuchttürme aufzustellen, falls das Licht eines Turms
erlischt, könnte den Navigator jedoch in die nächste Zwickmühle führen.
Angenommen einer der beiden Leuchttürme fällt aus, dann kann der Navigator möglicherweise nicht feststellen, welchen der beiden er noch sieht und
navigiert ins Unheil, weil er die falschen Position verwendet. Diese Türme
müssten weit genug voneinander entfernt sein, dass er sie mit Hilfe seiner

6

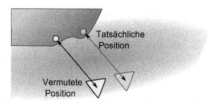

Abbildung 2.1: Falsche Landmarkenpositionen bewirken Positionsfehler

vorherigen Kursberechnungen unterscheiden kann.
Anhand der Rolle des Leuchtturms in der Seefahrt erarbeitet muss eine brauchbare Landmarke also folgende Vorgaben erfüllen:

- Die Position der Landmarke muss genau genug bekannt sein und darf sich nicht zufällig verändern, sie sollte stationär sein

- Es müssen ausreichend Landmarken auffindbar sein um die Position genau genug ermitteln zu können

- Die Landmarke muss eindeutig und ohne Verwechslungen wiedererkennbar und wiederauffindbar sein

An sich ist es egal und von Implementierung zu Implementierung verschieden, was genau als Landmarke verwendet wird, solange die oben genannten Bedingungen erfüllt werden. Es kann sich je nach Anwendung und eingesetzter Sensorik um Wände, Ecken, bestimmte Muster in Kamerabildern, Funkfeuer (z.B. auch umliegende WLAN - Access Points) oder bei Nostalgikern sogar tatsächlich um Leuchttürme handeln.

2.1.3 Kalman Filter

Folgt man dem roten Faden, dann stellt sich die Frage, wie Informationen aus dem Dead Reckoning und aus den Landmarken zusammengeführt werden sollen, um die jeweiligen Stärken nutzen zu können. Zu diesem Zweck werden aufwändige Filteralgorithmen verwendet, die meist in irgendeiner Form auf dem sogenannten Kalman Filter aufbauen. Hierbei handelt es sich um einen adaptiven Filteralgorithmus der bereits 1960 von Rudolf Emil Kálmán in [Kal] publiziert wurde. Dieses Filter kann zur Zustandsermittlung *(engl. state estimation)* linearer Systeme verwendet werden, die durch starkes gausssches weißes Rauschen nur schwer beobachtbar sind. Das Kalman Filter lässt sich gut rekursiv implementieren und benötigt im Gegensatz zum Wiener Filter, der alle vorherigen Messwerte benötigt, nur die Informationen des vorherigen Zustands *(engl. state)*. So wächst die Berechnungszeit nicht mit der Anzahl der Iterationen.

Grundlegend lässt sich jede Kalman Iteration in zwei Schritte unterteilen. Der erste Schritt beinhaltet eine Voraussage *(engl. state prediction)* des aktuellen Zustandes anhand der bereits gewonnenen Informationen über das System ohne Messung des aktuellen Zustandes *(a priori)*. Ist die Vorhersage über den aktuellen Zustand getroffen wird im zweiten Schritt der Messwert aufgenommen und die Abweichung von der Vorhersage *(engl. innovation)* ermittelt. Wie stark diese *innovation* der aktuellen Messung in die Zustandsbestimmung eingeht, hängt anfangs vom Initialisierungswert ab, danach davon wie lange das System bereits beobachtet wird bzw. wie genau dem Filter das Systemverhalten bereits bekannt ist. Dieser zweite Schritt beinhaltet also die Korrektur *(engl. state correction)* der Zustandsvoraussage mit der neu erhaltenen Information aus der Messung. Eine gute Einführung in diese Thematik bietet [Wel]. Dem Kalman Filter widmet auch [Hay] ein Kapitel, während [Blas] und das Kapitel [3.2] dieser Arbeit den Extended Kalman Filter für die spezielle Anwendung im EKF - SLAM behandeln.

2.2 Landmarkenfindung

2.2.1 Pattern Matching

Beim Pattern Matching wird versucht Muster aus einer Messung deckungsgleich über Muster in vorherigen Messungen zu legen. Aus den dafür nötigen Verschiebungen und Drehungen lässt sich dann die Verschiebung und Drehung der Roboters zwischen den beiden Messungen ermitteln. So einfach sich diese Methode auch anhört, so schwierig kann die Implementierung sein. Die erste Schwierigkeit ergibt sich schon aus der Natur der Sensorik, die immer einen gewissen Messfehler mit sich bringt. Dieser Messfehler bewirkt, dass es praktisch keinen Sinn macht nach 100% Übereinstimmung zu suchen, da dies in den seltensten Fällen eintreten wird. So muss immer ermittelt werden wie groß die Übereinstimmung ist. Es muss eine Mindest - Übereinstimmung erarbeitet werden, ab der davon ausgegangen werden kann, das selbe Muster wiedergefunden zu haben. Jedoch darf dieses Minimum nicht zu klein angesetzt werden, denn dann besteht Gefahr zu Verwechslungen. Auch nicht zu vernachlässigen ist der Resourcen - Bedarf dieser Methode, da einerseits komplette Messungen gepuffert werden müssen, mit denen verglichen werden kann. Andererseits müssen die Muster aus der neuen Messung mit denen in mehreren gespeicherten Messungen verglichen werden, um eine größere Robustheit und Genauigkeit zu erzielen. Zu alledem sollten die verwendeten Muster selbst aussagekräftig und nicht zu leicht verwechselbar sein und sich nicht zufällig bewegen, um den Kriterien einer Landmarke zu entsprechen. Die Auswahl passender Muster durch das System setzt naturgemäß die Fähigkeit voraus Muster in der Messung richtig interpretieren zu können.

Es ist ist hilfreich die Auflösung der Messung zu reduzieren indem man ein gröberes Raster verwendet (z.B. 10cm * 10cm Quadrate) und den Inhalt jedes Rasterelements mit frei von Hindernissen oder blockiert beschreibt *(engl. occupancy grid)*. So verliert man zwar Informationen über feinere Strukturen die Sensorik aufnehmen kann, reduziert jedoch beträchtlich den Aufwand für weitere Berechnungen. Ein geringer Informationsverlust stellt meist kein Problem dar, da bei geeigneter Rasterauflösung die Information über die Größe und Grundrissform eines Raums erhalten bleibt und nur Detailinformationen über die genaue Form der Objekte und damit über kleine passierbare Bereiche und enge Fugen verloren gehen. Es ist naheliegend die Karte im selben Rasterformat anzulegen und die Ausschnitte aus den gerasterten Messungen vereinfacht gesagt in Puzzlemanier an die passende Stelle zu setzen. Ein Vorteil dieser Methode, die meist als *grid based SLAM* bezeichnet wird, ist, dass mit diesem *occupancy grid* ein mit rasterbasierten Wegfindungsalgorithen gut handhabbares Kartenformat vorliegt. Als Beispiel für diese Alternative zu Landmarken - basierten Konzepten sei [Grz] genannt.

2.2.2 SPIKES

Im Gegensatz zum Pattern Matching trifft man bei Verwendung des SPIKES - Algorithmus eine Auswahl von Punkten, die zur Orientierung verwendet werden. Dieser Algorithmus sucht nach zum Roboter ragenden Spitzen *(engl. spikes)*. Bei Verwendung eines horizontal scannenden LIDAR - Scanners wie am AICC liefert dieser Algorithmus in einem leeren Raum kaum Punkte, während es in einem Raum mit Möbeln und anderen Gegenstände oder bei einem U - Boot am schroffen Meeresboden nur so vor potentiellen Landmarken wimmelt. Der Rechenaufwand für SPIKES ist recht gering, da es sich nur um eine Ermittlung von Extremwerten handelt, doch die gelieferten Punkte sind mit Vorsicht zu genießen, da der SPIKES eine Vorliebe für Türen, Stühle und vor allem Personen hat, die durch den Scan spazieren. Die in Abschnitt [2.1.2] aufgelisteten Vorgaben erfüllt ein Möbelstück nur solange es nicht verrückt wird und ein Passant nur, wenn er starr wie eine Salzsäule in der Gegend herumsteht.

2.2.3 RANSAC - Random Sample Consensus

Der Random Sample Consensus - Algorithmus wird unter anderem in der Bildverarbeitung verwendet, um automatisiert Modelle durch Ermittlung der Parameter über Datensätze zu fitten, die Ausreißer beinhalten. Diese Aufgabe wird gelöst indem zuerst zufällig Messwerte *(engl. random samples)* ausgewählt werden. Dann wird das Modell auf diesen kleinen Ausschnitt angepasst und diese Hypothese wird geprüft. Der gesamte Datensatz wird nun durchlaufen und es wird geprüft wie viele Messwerte im

Datensatz das Modell unterstützen *(engl. inlier)*, indem untersucht wird, ob der Abstand des jeweiligen Wertes zum Modell nicht größer ist als eine zuvor angegebene Toleranz. Wenn das untersuchte Modell von ausreichend vielen Messwerten unterstützt wird, also der *consensus set* ausreichend groß ist, wird angenommen ein gutes Modell gefunden zu haben. Erreicht der *consensus set* nicht diese ebenfalls zuvor schon festzulegende Größe ist das Modell ungeeignet um den Datensatz zu beschreiben und wird verworfen. Die beschriebenen Schritte sollten mehrmals ausgeführt werden, um zu Ergebnissen zu kommen. Eine Möglichkeit ist es, solange nach einem *consensus set* zu suchen bis eine gewisse Anzahl von Modellen gefunden wurde, aber damit riskiert man, dass sich bei einem schlecht strukturierten Datensatz eine Endlosschleife bildet. Die sicherere Variante ist es, die Abarbeitung in eine *for* – Schleife zu platzieren und eine fixe Anzahl von RANSAC – Durchläufen *(engl. iterations)* anzugeben. Wie viele Iterationen ausreichend sind ist von Applikation zu Applikation verschieden und kann empirisch ermittelt oder mit Kenntnis der Größe des Datensatzes und dem Ausreißeranteil berechnet werden (siehe [Hart]). Weiters sollte noch erwähnt sein, dass der RANSAC ein schlechtes Laufzeitverhalten hat, da sowohl die Berechnungszeit für eine Iteration als auch die Anzahl der notwendigen Iterationen, bei gleichem relativem Ausreißeranteil, linear mit der Größe des Datensatzes zunehmen. Unterm Strich ergibt das ein quadratisches Laufzeitverhalten.

Unter Verwendung des wohl einfachsten Modells, der Gerade, erweist sich der RANSAC laut [Blas] als gute Wahl für den Einsatz in Gebäuden. Man hat die Möglichkeit aus Datensätzen von LIDAR – Scannern Wände zu ermitteln, die sich gut als Bezugspunkte für SLAM – Implementierungen eignen. Die Robustheit des Algorithmus gegen Ausreisser bewirkt, dass eine Wand auch erkannt wird, wenn sie abschnittsweise verdeckt oder durch offene Türen und Gänge unterbrochen ist. Weiters ist es komplett unerheblich die Wand durch ein stillstehendes Objekt teilweise verdeckt ist, oder durch eine Person, die vorbeigeht. Also bringt der RANSAC im Gegensatz zu SPIKES bereits eine gewisse Robustheit gegenüber Störungen durch bewegte Objekte mit sich.

2.3 EKF - SLAM

Nach der erstmaligen Beschreibung des SLAM Problems auf IEEE Robotics and Automation Conference in San Francisco (1986) entstand, wie in [Dur] beschrieben, das erste Konzept [Smi] das auf Verwendung eines Extended Kalman Filters beruht. Der namensgebende EKF beruht, wie ua. in [Blas] beschrieben, auf einer Taylor - Näherung erster Ordnung des Pfades des Roboters. Diese stückweise Linearisierung für Positionsänderung und Richtungsänderung ist nötig um den ansonsten nur für lineare Systeme geeigneten Kalman Filter einsetzen zu können.

Grundlegend wird eine anhand der Inertialnavigation*(engl. dead recko-ning)* gemessene Positionsänderung seit der letzten Iteration*(engl. state)* zur Abschätzung*(engl. prediction)* der aktuellen Position eingesetzt. Mithilfe dieser Abschätzung kann die aktuelle Messung, meist Abstand und Richtung des Roboters zu Landmarken, mit vorherigen Messungen verglichen werden. Aus dem Versatz der einzelnen Landmarkenpositionen ergibt sich ein Korrektur - Therm der auf die Abschätzung angewendet wird*(engl. correction)*. Das Konzept des EKF – SLAM wird in Kapitel[3] genauer behandelt.

Der größte Nachteil des EKF – SLAMs ist sein $O(N^2)$ Laufzeitverhalten wobei N die Anzahl der eingetragenen Landmarken ist. Mit dieser Variante ist man also bei größeren Umgebungen bald am Ende. Weitere Probleme können sowohl durch die Linearisierung entstehen, als auch durch die beim EKF getroffene Annahme eines Gauss – verteilten Messfehlers. Deshalb gilt EKF – SLAM mittlerweile eher als einfaches Standardkonzept und ist anderen Konzepten vor allem wegen der für große Terrains explodierenden Laufzeit unterlegen, der die Echtzeitfähigkeit zum Opfer fällt.

2.4 FAST SLAM

Das FAST SLAM Konzept beschrieben in [Mon] verwendet beispielsweise anstatt des EKFs einen Partikel Filter zur Zusammenführung der Daten und Ermittlung der Position.

Der größte Vorteil dieser Implementierung mit einem Partikel Filter, dessen notwendige Partikelanzahl durch die Methode genannt Rao Blackwellisation reduziert wurde, lässt sich wohl schon aus dem Namen erahnen. Durch den aufwendigeren Filteralgorithmus erzielt man eine dramatische Verbesserung der Laufzeit auf $O(M \log N)$, wobei M die Anzahl der notwendigen Partikel ist und N die Anzahl der Landmarken.

Weiters besitzen Partikelfilter gegenüber den großen Matrizenmultiplikationen im EKF noch einen anderen Vorteil, der in Zeiten des Multiprozessings immer mehr an Bedeutung gewinnt: Die Berechnungen für die einzelnen Partikel können weitesgehend unabhängig voneinander durchgeführt werden. Das bedeutet, dass der Algorithmus gut parallelisierbar ist und damit die Leistung von Mehrkernsystemen gut ausnutzen kann. Abschließend sei erwähnt, dass sich dieser Filtertyp neben Landmarken - basierten Konzepten (FAST SLAM[Mon]) auch für rasterbasiertes *(engl. grid based)* SLAM wie in [Grz] eignet.

2.5 Weitere Entwicklungen

Natürlich ist die Entwicklung einer effizienten Lösung des SLAM - Problems nicht zum Stehen gekommen. Neben der ständigen Weiterentwicklung der Filteralgorithmen gibt es noch zusätzlich andere interessante Verbesserungsansätze. Es wird auch an Algorithmen gearbeitet, die den Roboter - Systemen die Fähigkeit geben aus bereits erkundeten Bereichen Strukturen und Regelmäßigkeiten zu erkennen. Dadurch können die Systeme Voraussagen über noch nicht erkundete Bereiche treffen, um so z.b. Sackgassen vorzeitig zu erkennen und dadurch schneller ans Ziel zu gelangen[Pur].

3 EKF - SLAM auf AICC

3.1 Landmarkenfindung

Der Roboter AICC muss sich anhand von Strukturen in der Umgebung orientieren können. Die Erfassung des Umgebung übernimmt ein S300 LIDAR – Scanner der Firma SICK. Das Umfeld, für das die Landmarkenfindung optimiert wird, ist das Innere des FH – Gebäudes. Ein guter Anhaltspunkt um sich in Räumen zurechtzufinden sind die Wände. Also bestand die Überlegung die Positionierung anhand der Wände als Landmarken vorzunehmen, bis sich herausstellte, dass Geraden als Landmarken für EKF – SLAM deutlich schwerer zu implementieren sind als punktförmige Landmarken (siehe [Blas]). So fand man den Beschluss anstatt von Wänden deren Schnittpunkte, also Ecken, zu verwenden.

3.1.1 RANSAC zur Wanderkennung

Wie schon in Kapitel[2.2.3] erläutert eignet sich der RANSAC Algorithmus gut um in Gebäudeumgebungen aus LIDAR – Scans Wände zu ermitteln, also erscheint es naheliegend für den Roboter AICC, der über einen LIDAR – Scanner verfügt, genau diesen Ansatz zu verfolgen.
Es stehen im System bereits aufbereitete Datensätze zur Verfügung. Die Daten wurden bereits aus dem vom LIDAR erhaltenen Telegramm entnommen, auf Übertragungsfehler geprüft, Messfehler durch reflektierende Objekte wurden bereits gefiltert und die Polarkoordinaten in ein kartesisches Koordinatensystem überführt. Der Datensatz eines Scans wird an die Landmarkenerkennung als Array von Punkten mit jeweils ganzzahliger X und Y - Koordinate in cm übergeben.

3.1.1.1 RANSAC Algorithmenbeschreibung

Die RANSAC Algorithmenbeschreibung und der Code zum Ermitteln einer Gerade aus diesem Datensatz lautet dann wie folgt:

3.1.1.1.1 Wähle eine beliebige Untermenge aus dem Datensatz:
Zur Beschreibung einer Gerade genügen 2 Punkte, für einen Kreisbogen oder eine Ebene im dreidimensionalen Raum würde man mindestens 3 Punkte benötigen. Also müssen mit Hilfe einer Random - Funktion zwei

Indizes innerhalb des Arrays gewählt werden. Wichtig ist hierbei, dass es zwei verschiedene Indizes sind, sonst kann es zu Fehlern kommen, da zwei ineinander liegende Punkte eine Gerade mit unbestimmter Steigung ergeben.

```
ra1 = (int)(((double) rand() / (double) RAND_MAX) * (
    psize -1)); // pick a random point
ra2 = (int)(((double) rand() / (double) RAND_MAX) * (
    psize -1)); // pick another random point
```

3.1.1.1.2 Erzeuge mit diesen Punkten ein Modell:

Durch diese beiden Punkten mit den zuerst ermittelten Indizes wird nun eine Gerade in Parameterform ($g = P_g + \vec{v}_g * t$ t...Parameter) gelegt. Beschrieben wird dieses Modell durch einen Punkt auf der Gerade (egal welcher der beiden) und den Richtungsvektor $\overline{P_{ra1}P_{ra2}}$ der aus Optimierungsgründen gleich auf die Länge 1 normiert wird berechnet wie folgt:

$$\vec{v}_g = \begin{pmatrix} \frac{x_2-x_1}{\sqrt{(x_2-x_1)^2+(y_2-y_1)^2}} \\ \frac{y_2-y_1}{\sqrt{(x_2-x_1)^2+(y_2-y_1)^2}} \end{pmatrix}$$

In c - Code realisiert:

```
v.x = (double)(source[ra2].x - source[ra1].x); // V(P1,P2)
    =P2-P1
v.y = (double)(source[ra2].y - source[ra1].y);
absolute = length(v);   // calculate length of struct
    VECTOR
v.x = v.x / absolute;   // and normalize to length 1
v.y = v.y / absolute;
P.x = source[ra1].x;
P.y = source[ra1].y;
```

Unter Verwendung folgender zusätzlicher Funktion:

```
__inline double length(const struct VECTOR v){ //
    euclidian length of a VECTOR
        return sqrt(v.x*v.x + v.y*v.y);
}
```

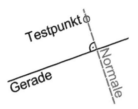

Abbildung 3.1: Gedachte Normale

3.1.1.1.3 Überprüfe wieviele Messwerte das Modell unterstützen:

Nun ist es an der Zeit zu testen, ob diese zufällig herausgegriffene Gerade tatsächlich eine Wand sein könnte, indem das gesamte Array von Punkten durchlaufen wird und deren Normalabstand zur Gerade überprüft wird. Dazu wird eine Normale auf die Modellgerade gebildet, die auf dem zu überprüfenden Punkt liegt(siehe Abbildung (3.1)).

Die Geradengleichung in Parameterform für diese Normale kann ohne großen Aufwand gebildet werden, da der Testpunkt bereits den benötigten Punkt auf der Gerade darstellt. Zur Bildung eines Normalvektors auf einen gegebenen Vektor müssen nur die Werte für X und Y - Komponente vertauscht werden und bei einem der beiden das Vorzeichen verändert werden. Ob das Vorzeichen bei X oder Y - Komponente verändert wird, ist unerheblich, da die beiden Varianten Vektoren ergeben, die zueinander kollinear sind.

$$\vec{v}_n \perp \vec{v}_g \Rightarrow \vec{v}_n = \begin{pmatrix} y_g \\ -x_g \end{pmatrix} \Rightarrow g_n = P_t + t * \begin{pmatrix} y_g \\ -x_g \end{pmatrix}$$

Nun ist die Distanz vom Testpunkt bis zum Schnittpunkt zu ermitteln indem beide Geraden gleichgesetzt werden. Das Gleichungssystem wird nach dem Parameter der Normale aufgelöst, der das Vielfache des Richtungsvektors der Normale angibt, dass den Vektor vom Testpunkt zum Schnittpunkt bildet. Der Richtungsvektor der Normale hat die selbe Länge wie der Richtungsvektor der Modellgeraden, also ist dieser ebenfalls normiert. Dadurch erspart man sich jetzt bei jedem Test die Berechnung der Länge des Vektors und erhält mit diesem Parameter bereits den Normalabstand, jedoch mit einem Vorzeichen behaftet. Um das Vorzeichen los zu werden wird mit dessen Quadrat weitergearbeitet.

$$P_g + t_g * \begin{pmatrix} x_g \\ y_g \end{pmatrix} = P_t + t_n * \begin{pmatrix} y_g \\ -x_g \end{pmatrix}$$

$$\Rightarrow t_n = \frac{-x_g * y_{Pg} + x_g * y_{Pt} + y_g * x_{Pg} - y_g * x_{Pt}}{x_g * x_g + y_g * y_g}$$

Schließlich bleibt nur noch offen, mit Hilfe der obigen Formel alle Punkte zu untersuchen, ob sie nahe genug an der Gerade liegen und jene Punkte die innerhalb der Toleranz sind*(inliers)* zu zählen. Ist die Anzahl hoch genug, dann hat man im ersten Schritt zufällig zwei Punkte auf der selben Wand ausgewählt, deren Position und Ausrichtung bereits mit Anfangs erzeugten Gerade erfasst ist. Wurde die spezifizierte Anzahl nicht erreicht, dann hatte man wohl weniger Glück.

3.1.1.1.4 Wiederhole die vorherigen Schritte:

Es ist weder zu erwarten, dass man beim ersten Versuch sofort das Glück hat eine Wand zu finden, noch dass die Messung nur eine einzelne Wand beinhaltet, also muss der Suchvorgang oft wiederholt werden, um möglichst alle gesichteten Wände zu erfassen.

3.1.1.2 RANSAC Anpassung und Optimierungen

Ohne Anpassung der Parameter auf die Anwendung ist der Algorithmus noch völlig nutzlos, also mussten empirische Versuche betrieben werden. Im Falle der tolerierten Abweichung für *inlier*, also für die Auswahl der Punkte, die das Modell unterstützten stellte sich ein geringer Wert von etwa 3cm als sinnvoll heraus. Um immer möglichst alle Wände im Scan zu finden benötigt man etwa 3000 Durchläufe des obigen Codes. Die Mindestgröße des *consensus sets*, die benötigte Anzahl von unterstützenden Punkten, konnte nicht als Konstante definiert werden, da die Anzahl der LIDAR - Messpunkte pro Meter Wand von der Distanz zum Sensor abhängig ist. So muss also in jeder Iteration mit der bereits implementierten Funktion der Normalabstand der Modellgerade zum Scanner berechnet werden und mittels Trigonometrie und gegebener Winkelauflösung des Scanners die Mindestanzahl der Punkte ermittelt werden. So wurde der RANSAC auf eine Mindest - Wandlänge von 120cm eingestellt.

Dieser RANSAC in Rohform liefert auch mit gut angepassten Parametern leider noch nicht die gewünschten Ergebnisse. Zuerst fällt auf, dass der Algorithmus nicht überprüft, ob die selbe Wand ein weiteres Mal gefunden wurde. Deshalb findet der Algorithmus soviel Wände wie der Zielspeicher zulässt, auch wenn nur eine Wand zu sehen ist. Also ist die erste Optimierungsmaßnahme eine Prüfung der Modellgerade, ob sie einer bereits gefundenen sehr ähnlich ist. Auf exakte Gleichheit zu prüfen ist in diesem Falle nicht sinnvoll. So wird schon bei der Erstellung der Modellgeraden geprüft, ob einer der beiden zufällig gewählten Punkte nahe an einer bereits gefundenen Wand liegt. Dazu wird wieder die Funktion zur Ermittlung des Normalabstands verwendet. Ist der Punkt weit von allen zuvor gefundenen Geraden entfernt, ist es ausgeschlossen, dass man eine bereits gefundene Wand neu berechnet. Ist der Abstand jedoch gering müssen die Richtungsvektoren der beiden Geraden verglichen werden, wiederum keine Überprüfung auf Gleichheit. Vielmehr wird überprüft, ob der Winkel nahe $0°$ bzw. $180°$ ist, also ob die beiden Richtungsvektoren zueinander nahezu parallel sind. Zur Bestimmung des Winkels zwischen zwei Vektoren bietet sich das Skalarprodukt an, weil $\vec{a} * \vec{b} = |a| * |b| * \cos(\angle(a, b))$ und $|a| = |b| = 1$. Aus Optimierungsgründen (Vorzeichenwechsel bei 90°) bietet es sich in diesem Fall an von einem Vektor den Normalvektor zu nehmen, so liefert das Skalarprodukt den Sinus des Winkels. Nun lässt sich die Überprüfung, ob der Winkel zwischen zwei Vektoren geringer ist als ein angegebener Winkel, auf folgende Weise realisieren:

$$x_1 * -y_2 + y_1 * x_2 < \sin(\alpha)$$

Werden beide Bedingungen (nahe an einer bereits gefundenen Gerade und fast parallel) von einem neuen Modell erfüllt, dann wird es bereits vor der Überprüfung der Unterstützung verworfen.

Beim RANSAC wird unter zufällig ausgewählten Modellen das mit der größten Unterstützung ermittelt. Das ist noch keine Garantie wirklich ein Modell zu erhalten, das diesen *consensus set* bestmöglich beschreibt, deshalb rät auch [Hart] über den *consensus set* die Methode der geringsten Fehlerquadrate zur Optimierung anzuwenden, um die Ergebnisse zu verbessern (siehe Abbildung (3.2)).

Abbildung 3.2: RANSAC Gerade vor und nach der Optimierung

Diese Optimierung wird ganz einfach dadurch realisiert, dass sowohl aus den Absolutwerten der Punkte im *consensus set* als auch aus den jeweiligen Steigungen der Mittelwert ermittelt wird. Die Modellparameter P_g und $\vec{v}_g$ der Gerade werden wie folgt neu berechnet:

$$P_g = \begin{pmatrix} x_{Pg} \\ y_{Pg} \end{pmatrix} = \begin{pmatrix} \frac{1}{N} \sum\limits_{i=0}^{N} x_i \\ \frac{1}{N} \sum\limits_{i=0}^{N} y_i \end{pmatrix} \qquad \vec{v}_g = \begin{pmatrix} x_v \\ y_v \end{pmatrix} = \begin{pmatrix} \frac{1}{N-1} \sum\limits_{i=1}^{N} x_i - x_{i-1} \\ \frac{1}{N-1} \sum\limits_{i=1}^{N} y_i - y_{i-1} \end{pmatrix}$$

3.1.1.3 Alternative zur Modellfindung

Nun lassen sich die Erkenntnisse zur Optimierung der Modellparameter auch auf die anfängliche Modellfindung in den Schritten 1 und 2 anwenden.

So kann wie auch bei [Blas] das Modell anstatt aus nur zwei zufällig ausgewählten Punkten aus einem kleinen Abschnitt des Datensatzes (zB: 20
Punkte in Folge) ermittelt werden. Danach wird auf diese Untermenge die
Formel aus [3.1.1.2] angewendet um die Modellparamter für $g = P_g + t * v_g$
zu erhalten. So erhält man meist schon zu Beginn ein aussagekräftigeres
Modell als mit der oben angeführten Variante mit nur zwei Punkten, wie
ein erneuter Blick auf die Grafik (3.2) verdeutlicht.

3.1.2 Ermittlung der Eckpunkte

Nach Verarbeitung des LIDAR – Datensatzes liegen nun die Geradenglei-
chungen der gefundenen Wände vor. Daraus die Ecken zu ermitteln ist nun
recht einfach, da hierzu nur die Schnittpunkte der Wandgeraden berechnet
werden müssen. Hierzu werden alle Wandgeraden paarweise miteinander
geschnitten und zuvor müssen sie lediglich auf Parallelität geprüft werden.
Zur Überprüfung auf Parallelität kann wiederum wie schon in [3.1.1.2] das
Skalarprodukt verwendet werden. Ist eine Parallelität von g_1 und g_2 aus-
geschlossen dann kann das Gleichungssystem

$$g_1 = g_2 \rightarrow P_1 + t_1 * \vec{v}_1 = P_2 + t_2 * \vec{v}_2$$

für t_1 bzw. t_2 aufgelöst werden. Um den Schnittpunkt zu erhalten muss der
Parameter t_1 oder t_2 nur noch in die jeweilige Geradengleichung eingesetzt
werden.

3.2 Extended Kalman Filter

Das Herzstück der AICC - Positionierung ist ein Extended Kalman Filter.
Wie schon in Kapitel [2.3] erwähnt handelt es sich hierbei um einen Kalman Filter, der auf eine stückweise Linearisierung des Systems angewendet
wird. Wie bereits in Kapitel [2.1.3] kurz beschrieben ist der Kalman Filter
rekursiv implementiert, wobei jeder Schritt eine Zustandsvorhersage *(state
prediction)* und eine Zustandskorrektur *(state correction)* beinhaltet. Die
Vorhersage der Position wird nach der Methode des *dead reckonings* (siehe
Kapitel [2.1.1]) getroffen. Die Korrekturdaten werden aus der Auswertung
der gefundenen Landmarken, in unserem Fall Ecken, im aktuellen LIDAR
- Scan durch Gegenüberstellung mit den bereits registrierten Landmarken
ermittelt. Diese Gegenüberstellung der im Scan entdeckten Landmarken
mit den bereits registrierten Landmarken birgt schon eine gewisse Heraus-
forderung: Es gilt die registrierte Landmarke mit genau der Landmarke
im Scan zu assoziieren, die die erneute Sichtung der bereits Registrierten darstellt. Hierbei kann es naturgemäß auch geschehen, dass im Scan
neue Landmarken auftauchen, die noch nie gesichtet wurden. Diese neu
entdeckte Landmarke muss registriert werden, um für spätere Iterationen

nutzbar zu sein. Da die Position einer registrierten Landmarke recht genau bekannt sein sollte, empfiehlt es sich eine neue Landmarke erst zu registrieren, wenn ihre Position mehrmals vermessen wurde. Dieses Assoziierungsproblem wird in Kapitel [3.2.3] genauer untersucht. Das Flussdiagramm (3.3) soll einen ersten Überblick über diesen EKF - SLAM Prozess geben.

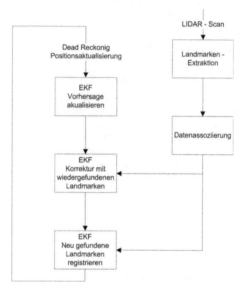

Abbildung 3.3: Übersicht über den SLAM Prozess

3.2.1 Aufbau und Inhalt der Filtermatrizen

Der Kalman Filter Algorithmus setzt sich aus einer überschaubaren Anzahl von Gleichungen zusammen, die sich jedoch alle aus umfangreichen Matrizenoperationen mit Matrizen, die unterschiedlichste Informationen beinhalten, zusammensetzen. Durch die Betrachtung dieser Matrizen und deren Inhalt erhält man einen kleinen Einblick in die Funktionsweise des Filteralgorithmus.

3.2.1.1 State - Vektor

Dieser Spaltenvektor X enthält Informationen über den aktuellen Zustand des Systems, also Position und Ausrichtung des Roboters und die Positionen der Landmarken, die betrachtet werden. Hier ist gewissermaßen die

„Karte" der Umgebung und die aktuelle Position auf dieser Karte gespeichert, also die Resultate für die dieser gesamte Aufwand getrieben wird. Zu Beginn hat diese Matrix die Größe $X \in \Re^{3 \times 1}$, weil über den Zustand des Systems gerade mal die Initialisierungswerte für X - Koordinate (x_r) und Y - Koordinate (y_r) des Roboters und seine Ausrichtung (θ_r) bekannt sind. Der State - Vektor wächst jedoch mit jeder neu registrierten Landmarke um zwei Zeilen, nämlich X - und Y - Koordinate der Landmarke. Weil jede softwaretechnische Implementierung nur einen begrenzten Speicher zur Verfügung hat, erscheint es schon beim State - Vektor sinnvoll eine maximale Landmarkenanzahl N festzulegen. Daraus resultiert ein State - Vektor der Maximalgröße: $X \in \Re^{(3+2*N) \times 1}$

$$X_k = \begin{pmatrix} x_{Roboter} \\ y_{Roboter} \\ \theta_{Roboter} \\ x_{lm1} \\ y_{lm1} \\ x_{lm2} \\ y_{lm2} \\ \vdots \\ x_{lmN} \\ y_{lmN} \end{pmatrix}$$

3.2.1.2 Kovarianzmatrix

Die quadratische Kovarianzmatrix enthält die Relationen der Werte im State - Vektor zueinander. Sie ist ebenso wichtig wie der State - Vektor, der den aktuellen Zustand beinhaltet. Die Hauptdiagonale enthält die Varianz der Roboter - und Landmarkenpositionen und damit, wie genau diese Werte bekannt sind. Weiters ist die Matrix symmetrisch an der Hauptdiagonale. Da die Hauptdiagonale die Varianz jedes Wertes im State - Vektor enthält stehen in der Hauptdiagonale ebenso viele Elemente wie im State - Vektor $(3 + 2 * N)$. Damit ergeben sich für die Kovarianzmatrix die Dimensionen $P \in \Re^{(3+2*N) \times (3+2*N)}$. Die Größe und der Speicherbedarf der Kovarianzmatrix stehen im quadratischer Beziehung zur Größe der State - Vektors und damit zur Anzahl der Landmarken.

$$P_k = \begin{pmatrix} Cov(x_R,x_R) & 0 & 0 & \cdots & Cov(x_R,x_{lmN}) & 0 \\ 0 & Cov(y_R,y_R) & 0 & \cdots & 0 & Cov(y_R,y_{lmN}) \\ 0 & 0 & Cov(\theta_R,\theta_R) & \cdots & 0 & 0 \\ \vdots & \vdots & \vdots & \ddots & \vdots & \vdots \\ Cov(x_R,x_{lmN}) & 0 & 0 & \cdots & Cov(x_{lmN},x_{lmN}) & 0 \\ 0 & Cov(y_R,y_{lmN}) & 0 & \cdots & 0 & Cov(y_{lmN},y_{lmN}) \end{pmatrix}$$

Für die Kovarianz gilt, dass $Cov(x,x) = Var(x)$. Die Hauptdiagonale enthält also die Streuung der bis zu diesem Zeitpunkt ermittelten Werte für die einzelnen Stellen im State - Vektor, während die aktuellen Werte im State - Vektor vielmehr einen Erwartungswert darstellen.

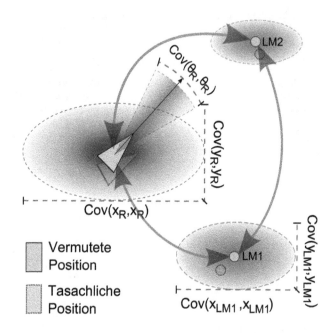

Abbildung 3.4: Darstellung der Unsicherheit mit Fehler Ellipsen

Die Grafik (3.4) soll die Bedeutung der Werte von Kovarianzmatrix und State - Vektor mit sogenannten Fehler Ellipsen *(engl. error ellipsis)* veranschaulichen. Im Mittelpunkt der Ellipsen befindet sich die Roboterposition oder die Position der jeweiligen Landmarke. Die Größe der Ellipse wird anhand der jeweiligen Varianz für X und Y - Koordinate gewählt. Die tatsächliche Position befindet sich mit hoher Wahrscheinlichkeit irgendwo innerhalb dieser Ellipse. Ebenso ist die Ausrichtung des Roboters nicht genau bekannt, man verfügt wiederum nur über einen Erwartungswert und die Streuung. Die roten Pfeile sollen auf die Abhängigkeiten der Streuungen zueinander hinweisen, die symmetrisch in der oberen und unteren Dreiecksmatrix stehen. Aufgrund dessen, dass X und Y - Koordinate orthogonal und damit unabhängige Zufallsvariablen sind, betragen alle Kovarianzen zwischen einer X und einer Y - Koordinate null. Der Zusammenhang zwischen Landmarkenposition und Roboterposition lässt sich folgendermaßen erklären: Die Landmarkenposition wird relativ zur Roboterposition gemessen, je genauer die Roboterposition desto genauer die Landmarkenposition. Die Roboterposition ergibt jedoch u.a. aus den Landmarkenpositionen und steht damit auch in direkten Zusammenhang bezüglich der Streuung.

3.2.1.3 Kalman Gain

Das Kalman Gain wird bei jeder Iteration neu berechnet und bestimmt wie stark sich die *innovation* der einzelnen Landmarken bei der Korrektur auf den State - Vektor auswirkt. Die Grundlage für die Berechnung stellt die Kovarianzmatrix. Weiters fließen die Jakobian - Matrix des Messungsmodells und der Messfehler in die Berechnung ein. Der Wert des Messfehlers stellt einen wichtigen Parameter zur Anpassung des Filterverhaltens dar, da das Verhältnis zwischen Messfehler und Fehler der Vorhersage beeinflusst, ob den neuen Informationen aus der Messung oder den bereits vorhandenen Informationen mehr vertraut wird. [Wel] zeigt anhand des einfachen Beispiels eines Kalman Filters, der eine Konstante aus einer verrauschten Messreihe ermittelt den Einfluss dieser Parameter auf das Filterverhalten.

3.2.2 Vorhersage (state prediction)

Im Gegensatz zur ursprünglichen Idee der *a proiri* Vorraussage wird die Abschätzung des aktuellen Zustandes beim EKF - SLAM nicht gänzlich ohne Messdaten vorgenommen, da die Inertialsensorik des Roboters Informationen über die Zustandsänderung liefert. Aus den Inkrementalgebern lässt sich die gefahrene Wegstrecke ermitteln, während zur Bestimmung der Bewegungsrichtung Lenkeinschlag, Drehratensensoren und ein elektronischer Kompass ausgewertet werden. Diese Messdaten werden im State - Vektor als Δx_R, Δy_R und $\Delta \theta_R$ zu den dort gespeicherten Werten dazu addiert. Dadurch ergibt sich eine stückweise Linearisierung des Kurses für in den Zeitintervallen zwischen Aufrufen der Vorhersage, wie in Abbildung (3.5) dargestellt. Außerdem wird der Positionierungsfehler der Inertialsensoren zum Fehler der Roboterposition aufsummiert.

Die Vorraussage kann in kürzeren Abständen als die Korrektur durchgeführt werden. Es ist also problemlos möglich die Position anhand der Inertialnavigation alle 100ms zu aktualisieren und nur alle 500ms eine Korrektur vorzunehmen. Weiters kann es auch durchaus vorkommen, dass einige Korrekturschritte mangels Landmarken entfallen und die Positionierung zeitweilig nur durch die Inertialnavigation erfolgt. In diesem Falle ist jedoch zu beachten, dass der Positionierungfehler kontinuierlich zunimmt und möglicherweise ein eindeutiges Wiederauffinden der vorher erfassten Landmarken unmöglich wird.

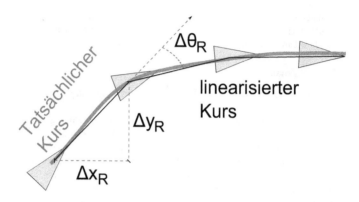

Abbildung 3.5: Stückweise Kurslinearisierung der Vorhersage

3.2.3 Datenassoziation

Wie bereits erwähnt ist die Datenassoziation eine der vielen Herausforderungen einer SLAM - Implementierung. Hierbei geht es darum, Zusammenhänge zwischen bereits aufgenommener, gespeicherter Information und neuen Daten zu finden. Konkret gilt es zu erkennen, ob eine in der aktuellen Messung gesichtete Landmarke, die erneute Sichtung einer bereits bekannten Landmarke darstellt und wenn ja welcher. Dazu ist zuallererst eine Abschätzung der aktuellen Position nötig, um abschätzen zu können, wo sich die bereits registrierten Landmarken jetzt im Bezug zum Roboters befinden könnten. Hat der Roboter zum Beispiel 10m vor sich eine Landmarke registriert und fährt bis zur nächsten Messung laut Odometrie 2m nach vorne, so kann man die Landmarke jetzt etwa 8m vor dem Roboter vermuten. Nach dem *nearest neighbor approach* wird die Annahme getroffen, das die Landmarke im neuen Scan, die den geringsten Abstand zur vermuteten Position der Registrierten hat, diese wieder gesichtete registrierte Landmarke ist. Wird also im obigen Beispiel im neuen Scan nur 7,5m vor dem Roboter eine einzige Landmarke gefunden, dann wird es sich höchstwahrscheinlich um jene handeln, die vor der Bewegung 10m entfernt war. So gibt es jetzt eine Differenz zwischen vermuteter Position (Odometrie) und gemessener Position. Wie stark diese Differenz in die Korrekur eingeht bestimmt das Kalman Gain und damit der Kalman Filter anhand seiner Initialisierung und der aktuellen Fehlerabschätzung. Bevor ich mich diesem Thema widme werde ich die tatsächliche Implementierung der Datenassoziation genauer betrachten. Das Flussdiagramm (3.6) stellt das verwendete Konzept zur Realisierung der *data assoziation* Funktion dar. Zum Zeitpunkt des Aufrufes dieser Funktion müssen die Abschätzung der aktuellen Position und

Ausrichtung nach *dead reckoning* und die Landmarkenerkennung für den aktuellen LIDAR - Scan bereits durchgeführt sein, da diese Informationen zur Verfügung stehen müssen. Außerdem benötigt die Funktion Zugriff auf den State - Vektor des Kalman Filters, der die registrierten Landmarken enthält.

Die Funktion versucht zuerst die gefundenen Landmarken aus der Landmarkenerkennung mit den im State - Vektor registrierten Landmarken zu assoziieren, indem für jede Landmarke aus dem Scan geprüft wird, ob sie näher als ein als Konstante angegebener Abstand (TOLERIERTE ABWEICHUNG im Flussdiagramm) an der Position einer registrierten Landmarke gefunden wurde. Hier herrscht jedoch das Problem, dass neue Landmarken und registrierte Landmarken in unterschiedlichen Koordinaten vorliegen. Während im State - Vektor globale Koordinaten im Bezug zu Startpunkt und Initialisierungswert verwendet werden, liegen die Koordinaten aus dem Scan mit lokalen Bezug zum Roboter vor. Also transformiert die Funktion jede der Landmarken aus dem Scan zuerst anhand der abgeschätzten Position und Ausrichtung des Roboters (Verschiebung und Drehung des lokalen Ursprungs vom globalen Ursprung) in das globale Koordinatensystem. So verfügt man nun über eine ungefähre globale Position der Landmarke aus dem Scan, deren Abstand zu bereits registrierten Landmarken im State - Vektor ermittelt wird. Bei geringem Abstand wird für dieses Landmarken - Paar die Korrekturfunktion aufgerufen und danach die nächste Landmarke aus dem Scan geprüft. Konnte jedoch keine Assoziierung vorgenommen werden, wird die Landmarke für Überprüfung mit der Warteliste vorgemerkt.

Alle nicht assoziierten Landmarken eines Scans werden danach mit der Warteschlange bearbeitet. Hierbei handelt es sich um eine doppelt - verkettete Liste die nur einen Puffer - Speicher darstellt. Die Assoziierung funktioniert genauso wie beim State - Vektor, nun jedoch wird mit der korrigierten Position die Koordinaten - Transformation vorgenommen. Neue Landmarken werden in die Liste mit Zählerstand 0 eingetragen, bei wiedergefundenen wird aus den Positionen gemittelt und der Zähler erhöht. Erreicht der Zähler einen vordefinierten Wert, wird die Landmarke von der Warteliste entfernt und im Kalman Filter hinzugefügt.

3.2.4 Korrektur (state correction)

In diesem Schritt gehen die aus Landmarken gewonnenen Informationen in die Positionierung ein. Eine Korrektur kann nur dann durchgeführt werden wenn neue Umfelddaten vorhanden sind und es möglich war Landmarken aus diesem Scan mit bereits registrierten zu assoziieren. Also wird der Roboter zu Beginn noch keine Positionskorrekturen vornehmen, bis die erste Landmarke registriert wurde. Es ist empfehlenswert den Roboter nach der

Initialisierung eine kurze Zeit stehen zu lassen, um die ersten Landmarken ohne Genauigkeitsverringerung durch die Inertialsensorik zu vermessen. Vor der ersten Korrektur werden dann im State - Vektor und in der Kovarianzmatrix die Initialisierungswerte stehen. Für die Position währe z.b. $x_R = y_R = 0$ und $\theta_R = 0$ durchaus zulässig, jedoch sollte man nicht in die Falle tappen die gesamte Kovarianzmatrix mit 0 zu initialisieren. Praktisch gesehen scheint die Annahme, dass der Roboter beim Start hundertprozentig genau auf der Initialisierungsposition steht, recht plausibel, da die Kovarianzmatrix mit Nullen auf der Hauptdiagonale jedoch nicht invertierbar ist, führt dieser Fehlgriff schon bei der ersten Berechnung des Kalman - Gains zu Fehlermeldungen oder unsinnigen Werten. Somit haben wir einen guten Grund den Roboter etwas Unsicherheit bezüglich seinen Anfängen zu geben, indem bei der Initialisierung kleine Werte ungleich 0 eingetragen werden.

Die Korrektur im Kalman Filter beinhaltet mehrere Berechnungen. Zuerst wird ermittelt wieviel neue Information *(innovation)* in der neuen Messung steckt, in unserem Fall die Differenz zwischen gemessener und gespeicherter Landmarkenposition. Dann wird das Kalman - Gain für die Korrektur aus der Kovarianzmatrix, dem Messfehler und dem Jakobian des Messmodells berechnet. Die Kovarianzmatrix liefert hierfür eine Fehlerabschätzung der Werte im State - Vektor, die korrigiert werden sollen, während der Messfehler aussagt, wie sehr den Werten der Umfelderkennung vertraut werden kann. Das Kalman - Gain und damit die Gewichtung der neuen Information wird kleiner, wenn die Varianz der Roboterposition sich in Relation zum Messfehler verringert. Je genauer also die Position bekannt ist, desto geringer wird sie bei der Korrektur verändert. Auf diese Weise versucht der Kalman Filter die Varianz zu verringern *(least square error)*. Der Jakobian des Messmodels liefert den geometrischen Zusammenhang zwischen Verschiebung der Landmarke und Änderung von Ausrichtung und Position des Roboters.

Die Varianz und damit die Unsicherheit der Positionierung ist im Betrieb ständigen Schwankungen unterworfen, abhängig vom Umfeld des Roboters und der aus den Landmarken gewonnenen Information. Tritt beispielsweise der Fall ein, dass der Roboter sich in einem Umfeld bewegt in dem keine Landmarken auffindbar sind, können keine Korrekturen vorgenommen werden und die Varianz wird sich aufgrund der fehlerbehafteten Inertialnavigation kontinuierlich erhöhen. Die Qualität der Korrektur selbst, also wie sehr die Varianz verringert wird, ist abhängig von der Anzahl und Qualität der im jeweiligen Korrekturschritt erfassten Landmarken. So gilt aus Sicht des Filters: je mehr Landmarken, desto zuverlässiger und genauer erfolgt die Positionierung. Aber abgesehen vom quadratischen Laufzeitanstieg ist auch aus Sicht der Datenassozierung problematisch, wenn die Umfelderkennung übermäßig viele Landmarken liefert, da es dann öfter zu Verwechslungen kommen kann. Also ist es sinnvoller wenige, aber aussagekräftige

Landmarken zu erhalten, die den Vorraussetzung an eine Landmarke entsprechen(siehe Kapitel[2.1.2]) und sowohl sensorisch als auch im Landmarkenfindungalgorithmus mit geringen Abweichungen erfassbar sind.

3.2.5 Hinzufügen neuer Landmarken

Wie bereits geschildert enthält der Kalman Filter zu Beginn keine Landmarken, sie werden erst zur Laufzeit registriert. Die Ermittlung neuer Landmarken geschieht in der Datenassozierung, dort werden nicht assoziierbare Landmarken zur Registrierung nach dem Korrekturschritt hinterlegt. Die Kovarianzmatrix und der State - Vektor werden beim Hinzufügen der Landmarke erweitert.

$$X_k = \begin{pmatrix} x_{Roboter} \\ y_{Roboter} \\ \theta_{Roboter} \\ x_{lm1} \\ y_{lm1} \\ x_{lm2} \\ y_{lm2} \\ \vdots \\ x_{lmN} \\ y_{lmN} \end{pmatrix}$$

Während an den State - Vektor lediglich die Einträge für die neue Landmarkenposition $(x_{lmN} \; y_{lmN})^T$ angehängt werden, müssen in der Kovarianzmatrix Spalten- und Zeilenanzahl erhöht werden. Die Hauptdiagonale wird um die Initialisierungswerte für die Varianz von X - und Y - Koordinate erweitert, somit erhält die Matrix zwei neue Spalten und zwei neue Zeilen(in rot dargestellt) in denen die jeweiligen Kovarianzen zwischen der neuen Landmarke und den bereits erfassten Landmarken und der Roboterposition Platz finden.

$$P_k = \begin{pmatrix} Cov(x_R,x_R) & 0 & 0 & \cdots & Cov(x_R,x_{lmN}) & 0 \\ 0 & Cov(y_R,y_R) & 0 & \cdots & 0 & Cov(y_R,y_{lmN}) \\ 0 & 0 & Cov(\theta_R,\theta_R) & \cdots & 0 & 0 \\ \vdots & \vdots & \vdots & \ddots & \vdots & \vdots \\ Cov(x_R,x_{lmN}) & 0 & 0 & \cdots & Cov(x_{lmN},x_{lmN}) & 0 \\ 0 & Cov(y_R,y_{lmN}) & 0 & \cdots & 0 & Cov(y_{lmN},y_{lmN}) \end{pmatrix}$$

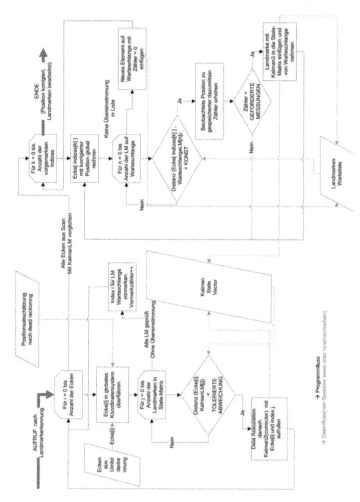

Abbildung 3.6: Flussdiagramm der Datenassoziation

4 Erkenntnisse aus der Implementierung

Es ist noch offen ein Resümee über die Arbeit mit dieser Thematik und den Ergebnissen und Erkenntnissen zu ziehen. Es gelungen das Synchronous Localization and Mapping Problem zu erfassen und zu beschreiben, jedoch ist eine zuverlässige Implementierung des EKF – SLAMs, der in der Arbeit genauer analysiert wurde, nicht geglückt. Dies ist unter anderem auch damit zu begründen, dass der Aufbau einer geeigneten Versuchsplattform an sich schon sehr zeitaufwendig ist. Einerseits muss eine ausgeklügelte Sensorik implementiert werden, wobei jeder Sensor seine Stärken und Schwächen aufweist, andererseits sollte die Mechanik in einem Projekt dieser Art nicht unterschätzt werden. Unzulänglichkeiten im Fahrwerk, die ein menschlicher Fahrer leicht ausgleichen kann, bereiten bei der Modellierung und Software - Implementierung mitunter große Probleme. Selbst auf einer einwandfreien Plattform zeigt sich die Komplexität der SLAM – Problematik mit voller Härte da es sehr viele Abhängigkeiten zwischen den erfassbaren Werten gibt. Es gibt keine absoluten Bezugspunkte, man muss der Lösung des Problems durch statistische Betrachtung fehlerbehafteter Werte zueinander annähern, wobei die Erfassung des Fehlers, dessen Auswirkungen und der Aussagekraft eines Messwertes ebenso wichtig ist, wie der Wert selbst. Bei Versäumnissen in der Konzeptionierung und nicht zutreffenden Modellen befindet man sich bald in der Sackgasse, da im komplexen Innenleben des Kalman Filters Fehler oft nur sehr schwer zu finden sind. Der im Vergleich zu anderen zur Lösung des SLAM – Problems verwendeten Algorithmen einfache Filteralgorithmus stellt mit seinen kaum überblickbaren Speichermatrizen und mit der Dynamik des beobachteten Prozesses Programmierkenntnisse, Numerik, statistisches und mathematisches Verständnis eines Bachelor – Studenten gleichermaßen auf die Probe.

Hinzu kommt, dass die Implementierung der anderen Aufgaben, wie Inertialnavigation, Landmarkenfindung und Datenassoziierung, die zwischen dem stochastischen Zustandsschätzer und der wirklichen Welt stehen, viel Zeit und Geschick erfordern. Sie bilden mit dem Kalman Filter gewissermaßen eine Kette, die bekanntlich nur so stark ist wie ihr schwächstes Glied. Während die Inertialnavigation vor allem mit der Sensorik und Unzulänglichkeiten am Fahrwerk zu kämpfen hat, muss es in Landmarkenfindung und Datenassoziierung gelingen das Umfeld gewissermaßen zu verstehen, um daraus brauchbare Informationen zu gewinnen. Sind diese Bereiche auf eine gewisse Situation gut angepasst, schließt das noch nicht aus, dass sie in einer anderen Situation komplett unbrauchbare Ergebnisse liefern.

Aus diesen Gründen gibt es jedoch bislang keine Patentlösung für dieses Problem, die wirklich breite Anwendung gefunden hat und Experten auf diesem Gebiet,die Unterstützung zu dieser Arbeit liefern können, sind eher rar gesät. Angesicht der Tatsache, dass aufgrund der aufwendigen Entwicklung der Plattform kaum mehr als 3 Monate Zeit war, um sich intensiv mit dieser komplexen Problemstellung zu beschäftigen, sind die Fortschritte rückblickend betrachtet durchaus nicht ernüchternd, obwohl in vielen Bereichen noch Verbesserungsbedarf besteht.

Für eine Weiterführung dieses Projektes ist es vor allem essentiell viel Zeit für die Konzeptionierungsphase einzuplanen. Eine erneute breitere Recherche ist durchaus sinnvoll: neben anderen Landmarkenalgorithmen und Anregungungen zur Verbesserung der Datenassoziierung wären auch rasterbasierte Methoden *(grid - based SLAM)* eine genauere Untersuchung wert, da die Recherche sehr auf Landmarken - basierte Methoden fokussiert war. Möglicherweise erweisen sich die von den mathematischen Grundlagen komplexeren Alternativen zum Extended Kalman Filter als weniger problematisch in der Implementierung.

Für die Weiterverwendung der bestehenden Software ist sollten vor allem folgende Unzulänglichkeiten behandelt werden:

In die Umfelderkennung mit dem RANSAC – Algorithmus ist bereits viel Optimierungsarbeit eingeflossen, trotzdem bereiten gewisse Situationen wie etwa abgesetzte Wandstücke und leicht gewinkelte Wände große Probleme. Die Verwendung der Geradenschnittpunkte hat sich als problematisch herausgestellt, da kleine Winkelfehler der Gerade in der Verlängerung große Abweichungen der Schnittpunkte zu Folge haben. Hierzu der Vorschlag die Information aus der Gerade selbst auszuwerten, also Normalabstand und Ausrichung zur Wand wie es bei [Blas] gemacht wurde, so erhält man auch in langen Korridoren ohne Ecken wichtige Informationen (Ausrichtung zum Korridor, Abstand von den Wänden). Weiter könnten mehrere Algorithmen kombiniert werden. Eine Variante von SPIKES, die ursprünglich für die Wegfindung gedacht war liefert in manchen Situationen weit bessere Ergebnisse als die RANSAC Implementierung.

Da verschieden gewonnene Landmarke andere Informationen enthalten, muss die Datenassoziierung bei den oben beschriebenen Änderungen angepasst werden. Die in der Arbeit dokumentierte Realisierung ist ohnehin keine ideale Lösung. Einerseits wäre es ratsam für die tolerierte Distanz zwischen registrierter und beobachteter Landmarke auch die Varianz der Roboter- und Landmarkenposition einzubeziehen, andererseits sollte die Datenassoziierung um eine Funktion erweitert werden die nur einmal zufällig gefundene Landmarken nach einer gewissen Anzahl von Aufrufen wieder von der Warteliste entfernt. Eine Erweiterung die registrierte Landmarken wieder entfernt, wenn diese öfter nicht mehr an ihrer vermuteten Stelle wiedergefunden wurden, wäre durchaus sinnvoll, dazu müssten jedoch Einträge in den Filtermatrizen verschoben werden.

Ebenso wie die Datenassoziierung für verschieden Landmarkentypen angepasst werden muss, sind auch Adaptierungen im Kalman Filter notwendig. Die Unzuverlässigkeit der aktuellen Software ist wohl auch auf fehlerhafte Modellmatrizen im Filteralgorithmus zurückzuführen. Eine Neuimplementierung des Kalman Filters unter Verwendung von C++ Matrizenbibliotheken ist jedenfalls empfehlenswert um die Lesbarkeit des Quellcodes zu erhöhen und die Fehlerbehebung zu vereinfachen.

Abbildungsverzeichnis

Literaturverzeichnis

[Blas] Søren Riisgaard, Morten Rufus Blas,
*SLAM for Dummies – A Tutorial Approach to Simultaneous
Localization and Mapping*
http://ocw.mit.edu/NR/rdonlyres/Aeronautics-and-
Astronautics/16-412JSpring-2005/9D8DB59F-24EC-4B75-
BA7A-F0916BAB2440/0/1aslam_blas_repo.pdf
2.1, 2.1.3, 2.2.3, 2.3, 3.1, 3.1.1.3, 4

[Mon] Michael Montemerlo, Sebastian Thrun
*FastSLAM: A Scalable Method for the Simultaneous Locali-
zation and Mapping Problem in Robotics*
Springer Tracts in Advanced Robotics
ISBN: 354046399-2
2.1, 2.4

[Hart] Richard Hartley, Andrew Zisserman
*Multiple View Geometry In Computer Vision, Second Editi-
on*
Cambridge University Press
ISBN: 978-0-521-54051-3
2.2.3, 3.1.1.2

[Dur] Hugh Durrant-Whyte, Fellow, IEEE, and Tim Bailey
*Simultaneous Localisation and Mapping (SLAM): Part I
The Essential Algorithms*
http://www-personal.acfr.usyd.edu.au/tbailey/papers/slamtute1.pdf
2.3

[Smi] R. Smith, M. Self, and P. Cheeseman.
Estimating uncertain spatial relationships in robotics.
In I.J. Cox and G.T. Wilfon, editors, Autonomous Robot
Vehicles, pages 167–193. Springer-Verlag, 1990.
2.3

[Hay] Simon Haykin
Adaptive Filter Theory, Fourth Edition
Prentice Hall
ISBN: 0-13-090126-1
2.1.3

[Kal]   R. E. Kalman
A New Approach to Linear Filtering and Prediction Problems
Transaction of the ASME - Journal of Basic Engineering
Seiten 35 - 45 (März 1960).
http://www.cs.unc.edu/~welch/kalman/media/pdf/Kalman1960.pdf
2.1.3

[Pur]   Purdue University
Guessing Robots Predict Their Environments, Navigate Better
ScienceDaily 13 June 2007. 26 December 2008
http://www.sciencedaily.com/releases/2007/06/070612152446.htm
2.5

[Grz]   Slawomir Grzonka, Christian Plagemann, Giorgio Grisetti,
Wolfram Burgard
Look-ahead Proposals for Robust Grid-based SLAM
http://www.informatik.uni-freiburg.de/~grisetti/pdf/grzonka07fsr.pdf
2.2.1, 2.4

[Wel]   Greg Welch, Gary Bishop
An Introduction to the Kalman Filter
http://cs.unc.edu/~welch/kalman/kalmanIntro.html
2.1.3, 3.2.1.3

www.ingramcontent.com/pod-product-compliance
Lightning Source LLC
La Vergne TN
LVHW042306060326
832902LV00009B/1292